보고 듣고,
따라 말하며 쓰는
초등 한자 쓰기 노트

1

다락원

보고 듣고 따라 말하며 쓰는
초등 한자 쓰기 노트 1

지은이 다락원 편집부
펴낸이 정규도
펴낸곳 (주)다락원

초판 1쇄 발행 2013년 5월 1일
7쇄 발행 2025년 1월 13일

책임편집 최운선
디자인 김성희, 이승현
일러스트 박혜원

다락원 경기도 파주시 문발로 211
내용문의: (02)736-2031 내선 270~277
구입문의: (02)736-2031 내선 250~252 / 팩스 (02)732-2037
출판등록 1977년 9월 16일 제406-2008-000007호

Copyright ⓒ 2013, 다락원

저자 및 출판사의 허락 없이 이 책의 일부 또는 전부를 무단 복제·전재·발췌할 수 없습니다. 구입 후 철회는 회사 내규에 부합하는 경우에 가능하므로 구입문의처에 문의하시기 바랍니다. 분실·파손 등에 따른 소비자 피해에 대해서는 공정거래위원회에서 고시한 소비자 분쟁 해결 기준에 따라 보상 가능합니다. 잘못된 책은 바꿔 드립니다.

ISBN 978-89-277-4599-0 68710
    978-89-277-4605-8 68710(set)

http://www.darakwon.co.kr
- 다락원 홈페이지를 방문하시면 상세한 출판 정보와 함께 동영상강좌, MP3자료 등 다양한 어학 정보를 얻으실 수 있습니다.

보듣따쓰로 한자 똑똑하게 익히기

보고 듣고 따라 말하고 쓰며 매일 2자씩, 20일 동안 40자를 내 것으로 만들어요!
〈보고 듣고 따라 말하며 쓰는 초등 한자 쓰기 노트〉 1권부터 6권까지 공부하면 교육과학기술부의
중학교육용 한자 900자 중에서 초등학생이 꼭 알아야 할 400자를 똑똑하게 마스터할 수 있어요.

그림과 한자를 보면서 그 한자의 뜻이 무얼까 생각해 봐요. 한자의 뜻과 음을 확인한 후, 한자의 쓰는 순서를 보며 빈칸에 따라 써 보세요.

소리를 듣고 한자를 보며 문제를 풀어보는 시간! 선생님의 지시에 따라 듣고 쓰면서 지난 5일간 한자를 얼마나 잘 익혔는지 점검해 봐요.

이 책에 나온 40한자를 잘 익혔는지 점검해 보는 시간! 마지막으로 모든 한자를 잘 익혔는지 보고 듣고 말하고 쓰면서 확인해 봐요.

그림과 한자를 보고 뜻과 음을 기억해 보세요. 외운 한자는 상자 안에 표시를 해 봅니다. 모든 한자에 표시할 수 있도록 한자를 익혀 보세요.

이 책에서 배운 모든 한자가 가나다순으로 모아져 있어요. 궁금한 한자는 여기서 편리하게 찾을 수 있어요.

차례

배울 한자 ·· 05 - 06

1일째 - **5**일째 ·· 07 - 11
연습하기**1** ·· 12

6일째 - **10**일째 ·· 13 - 17
연습하기**2** ·· 18

11일째 - **15**일째 ·· 19 - 23
연습하기**3** ·· 24

16일째 - **20**일째 ·· 25 - 29
연습하기**4** ·· 30

마지막 연습하기 ·· 31 - 32
정답 ··· 34 - 35
그림으로 보는 한자 ·· 37 - 38
가나다순 한자 ··· 39 - 40

배울 한자

● 이 책에서 배울 한자입니다. 그림을 보고 뜻을 한번 생각해 보세요.

 一	 八	手
 二	 九	 足
 三	 十	 力
 四	 人	 心
 五	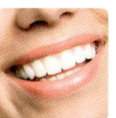 口	 子
 六	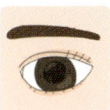 目	 女
 七	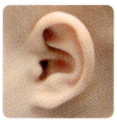 耳	男

배울 한자

● 이 책에서 배울 한자입니다. 그림을 보고 뜻을 한번 생각해 보세요.

1일째 · 月 월요일

● 그림과 한자를 **보고 따라** 말하며 **쓰세요**.

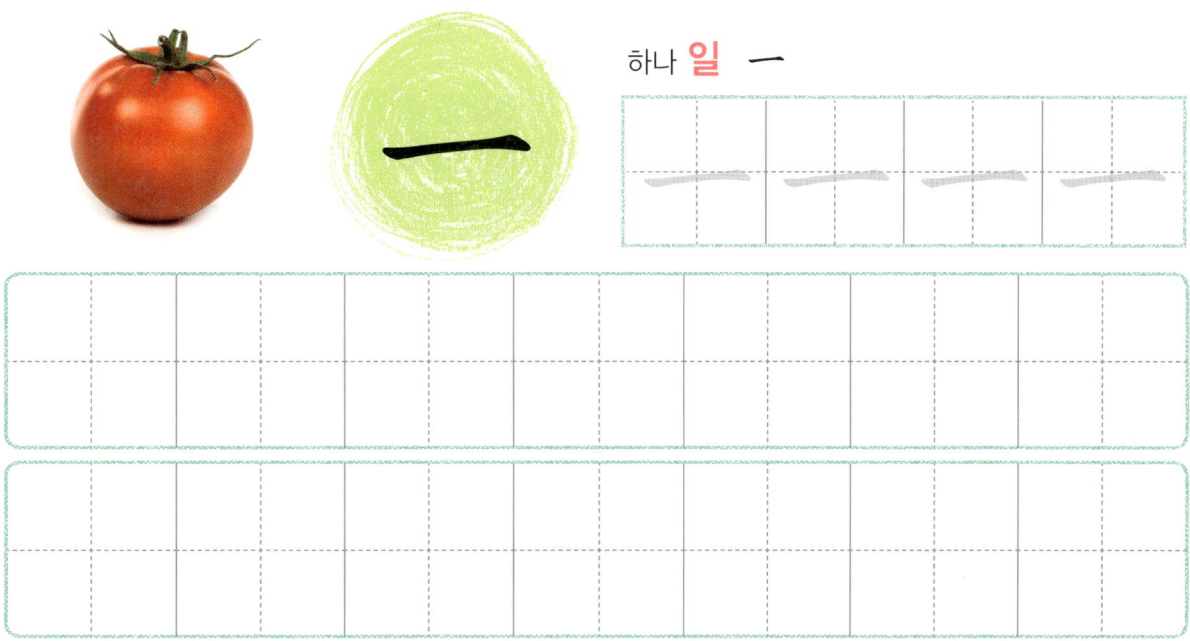

하나 **일** 一

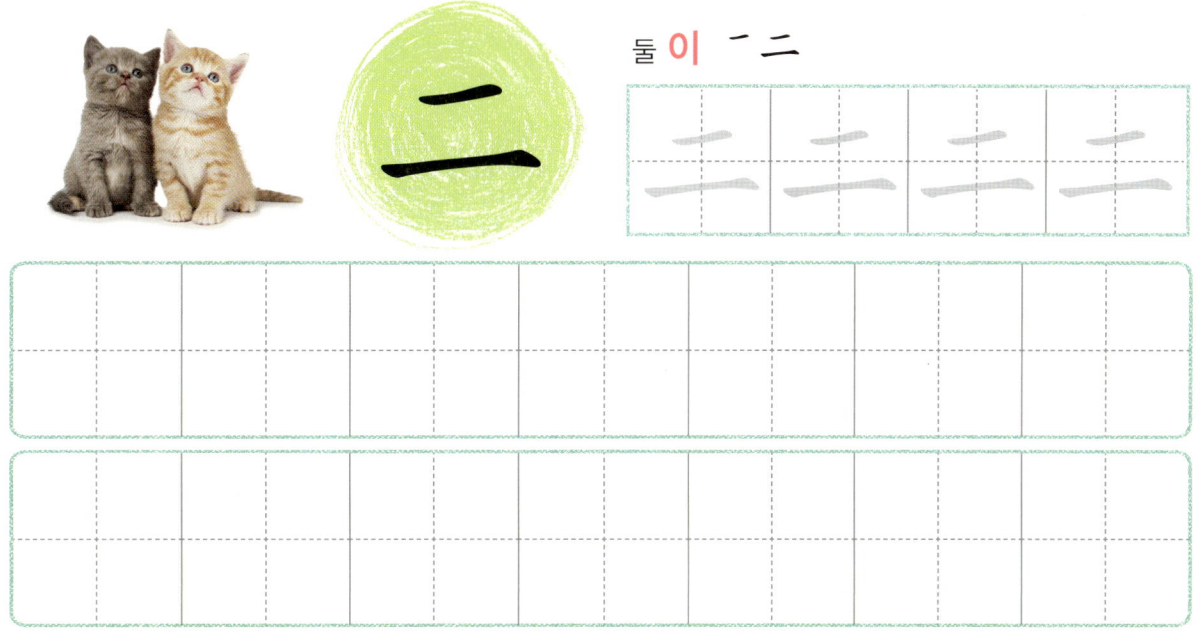

둘 **이** 二

2일째 · 火 화요일

● 그림과 한자를 **보고 따라** 말하며 **쓰세요**.

3일째 · 水 수요일

● 그림과 한자를 보고 따라 말하며 쓰세요.

다섯 **오** ー丁五五

여섯 **륙** ﹅一六六

4일째 · 木 목요일

● 그림과 한자를 **보고 따라** 말하며 **쓰세요**.

일곱 **칠** 一 七

여덟 **팔** ㇒ 八

5일째 · 金 금요일

● 그림과 한자를 **보고 따라** 말하며 **쓰세요**.

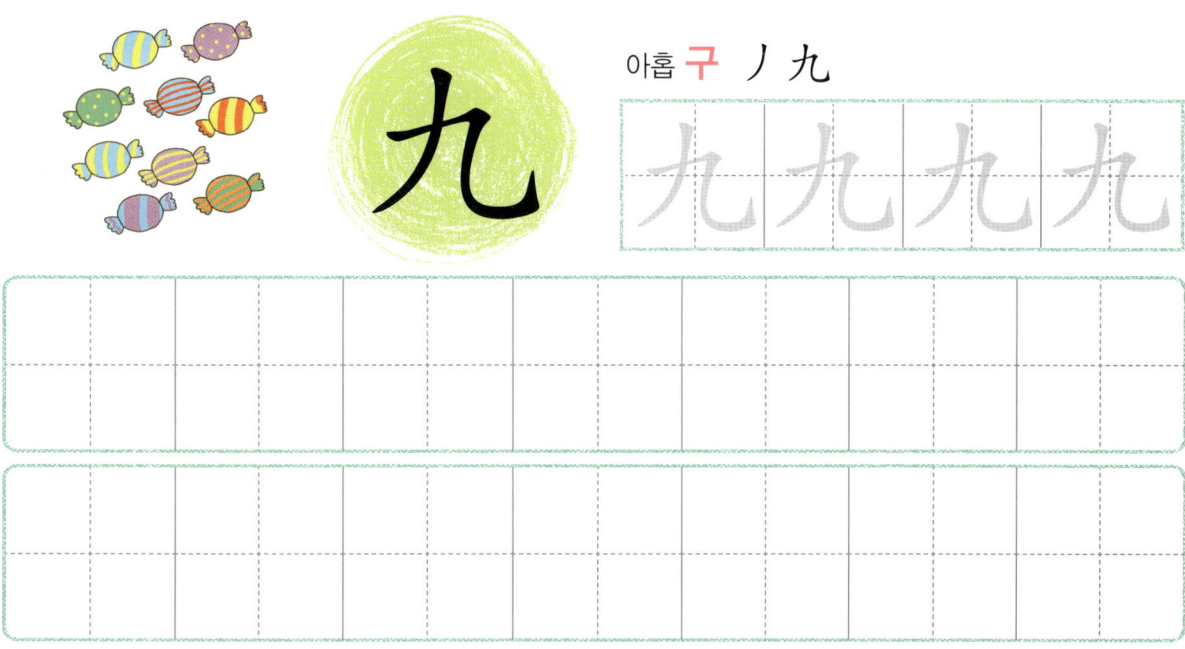

아홉 **구** ノ 九

열 **십** 一 十

연습하기 1

정답 34쪽

1 뜻과 음을 듣고 한자로 쓰세요.

① 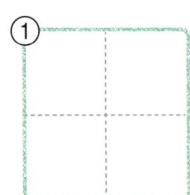 ② 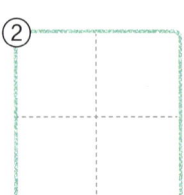 ③ 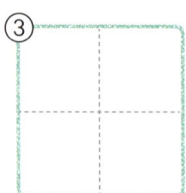 ④ 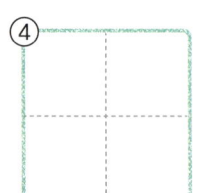 ⑤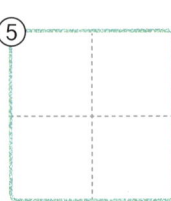

⑥ 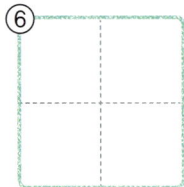 ⑦ 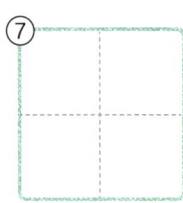 ⑧ 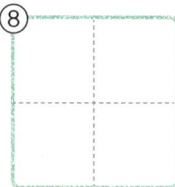 ⑨ 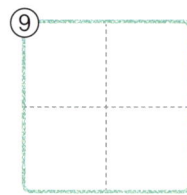 ⑩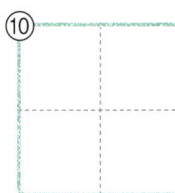

2 한자를 보고 뜻과 음을 쓰세요.

① 一 _____   ② 二 _____

③ 三 _____   ④ 四 _____

⑤ 五 _____   ⑥ 六 _____

⑦ 七 _____   ⑧ 八 _____

⑨ 九 _____   ⑩ 十 _____

6일째 · 月 월요일

● 그림과 한자를 보고 따라 말하며 쓰세요.

사람 **인** ノ 人

입 **구** ㅣ ㄇ 口

7일째 · 火 화요일

● 그림과 한자를 **보고 따라** 말하며 **쓰세요**.

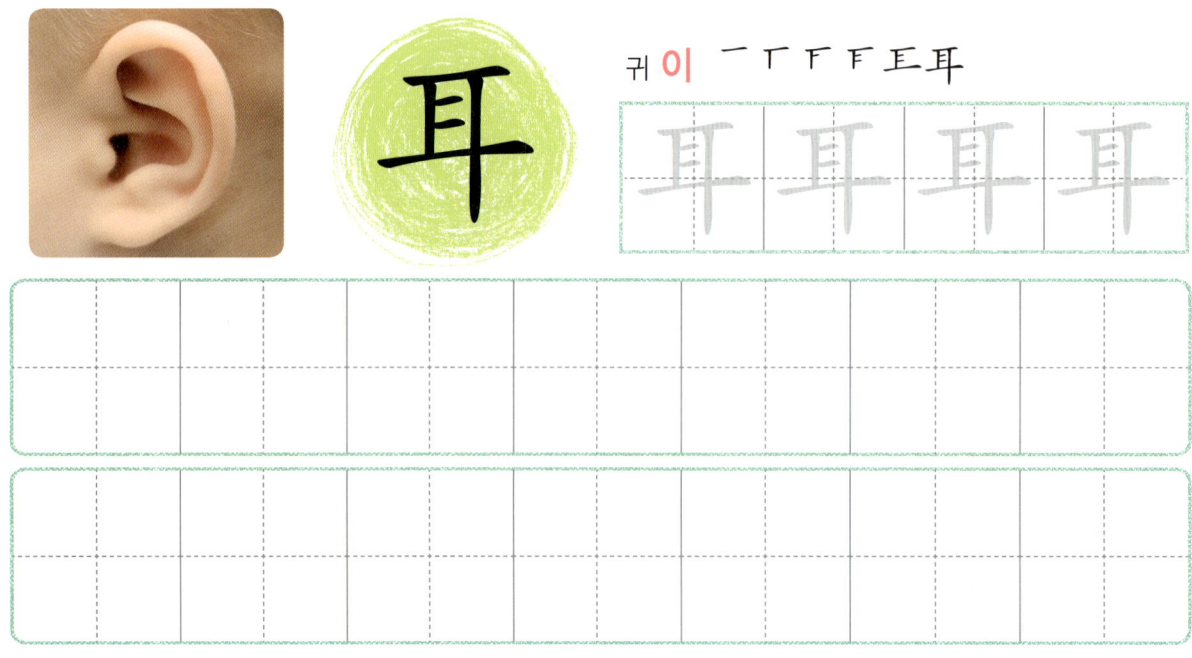

8일째 · 水 수요일

● 그림과 한자를 **보고 따라** 말하며 **쓰세요**.

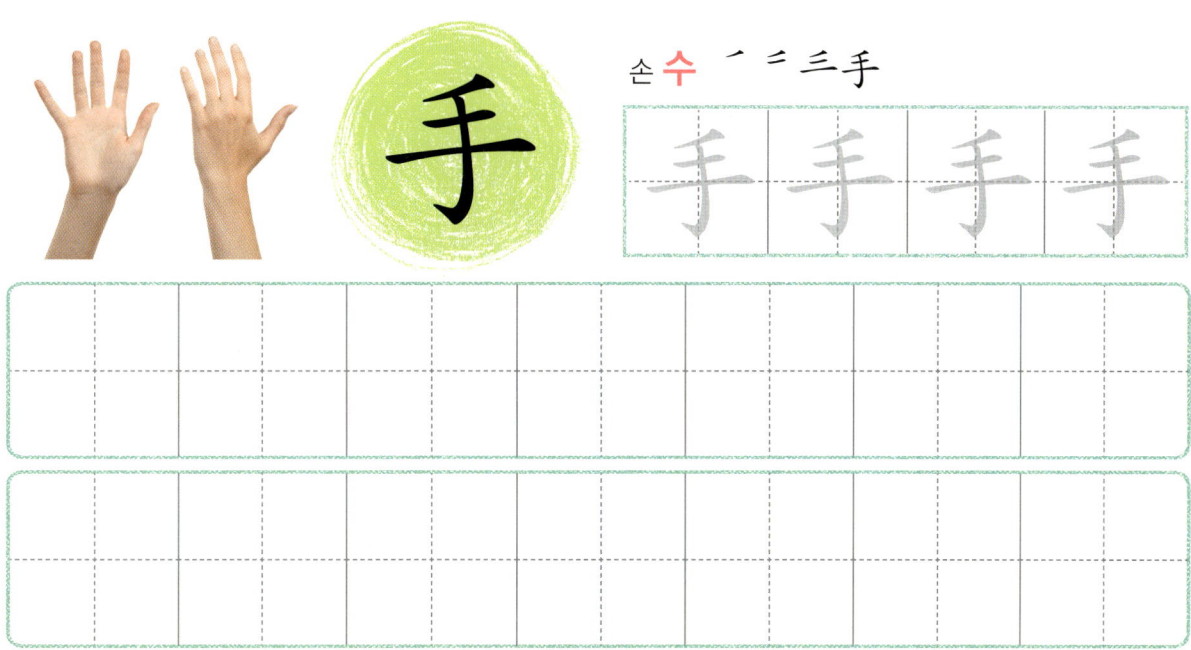

손 **수** ˊ ⸌ 三 手

발 **족** ⎟ ⼞ ⼝ ⼞ ⾜ ⾜ 足

9일째 · 木 목요일

● 그림과 한자를 **보고 따라** 말하며 **쓰세요**.

힘 **력** ㄱ 力

마음 **심** 丶 心 心 心

10일째 · 金 금요일

● 그림과 한자를 **보고 따라** 말하며 **쓰세요**.

아들 **자** 　 了 子

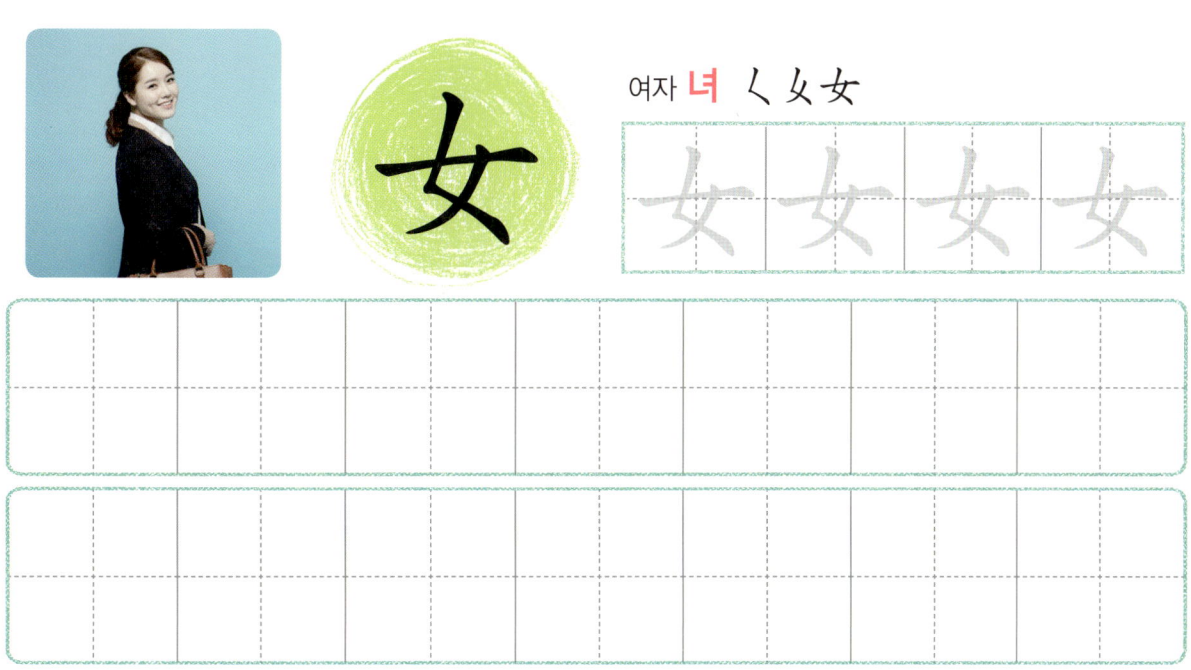

여자 **녀** 〈 乂 女

연습하기 2

정답 34쪽

1 뜻과 음을 듣고 한자로 쓰세요.

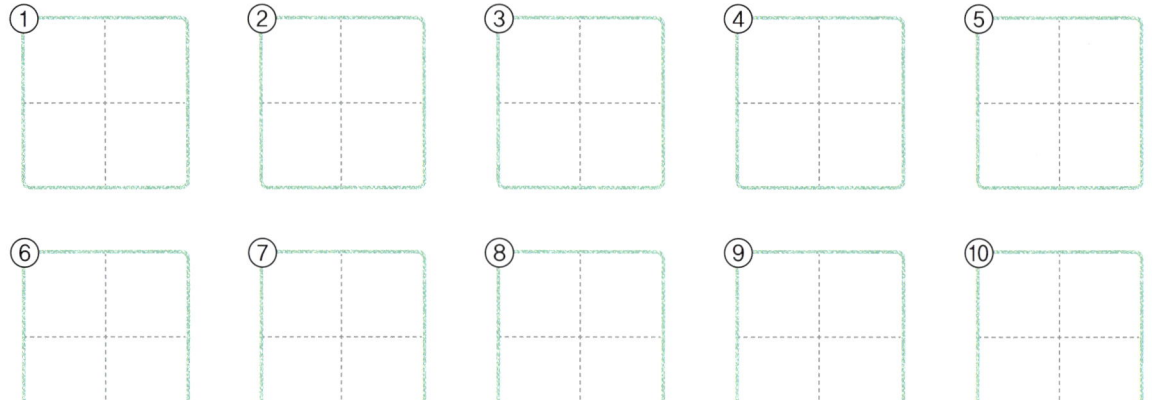

2 한자를 보고 뜻과 음을 쓰세요.

① 人 _____   ② 口 _____

③ 目 _____   ④ 耳 _____

⑤ 手 _____   ⑥ 足 _____

⑦ 力 _____   ⑧ 心 _____

⑨ 子 _____   ⑩ 女 _____

11일째 · 月 월 요일

● 그림과 한자를 **보고 따라** 말하며 **쓰세요**.

남자 **남**　丶 口 曰 甲 田 界 男

클 **대**　一 ナ 大

12일째 · 火 화요일

● 그림과 한자를 **보고 따라** 말하며 **쓰세요**.

가운데 **중** ｜ ㅁ口中

작을 **소** ｜ 小小

13일째 · 水 수요일

● 그림과 한자를 **보고 따라** 말하며 **쓰세요**.

위 **상** ㅣ 卜 上

아래 **하** 一 丁 下

14일째 · 木 목요일

● 그림과 한자를 **보고 따라** 말하며 **쓰세요**.

산 **산** ㅣ 山 山

밭 **전** ㅣ 冂 曰 田 田

15일째 · 金 금요일

● 그림과 한자를 **보고 따라** 말하며 **쓰세요**.

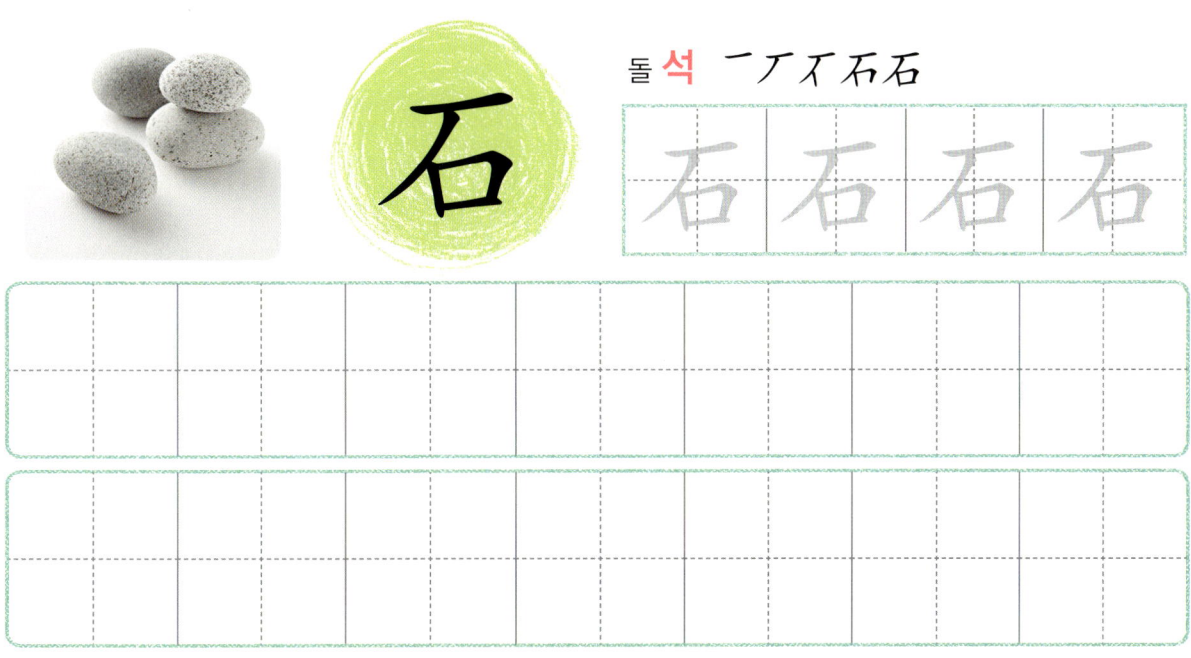

돌 **석** 一ㄱ丆石石

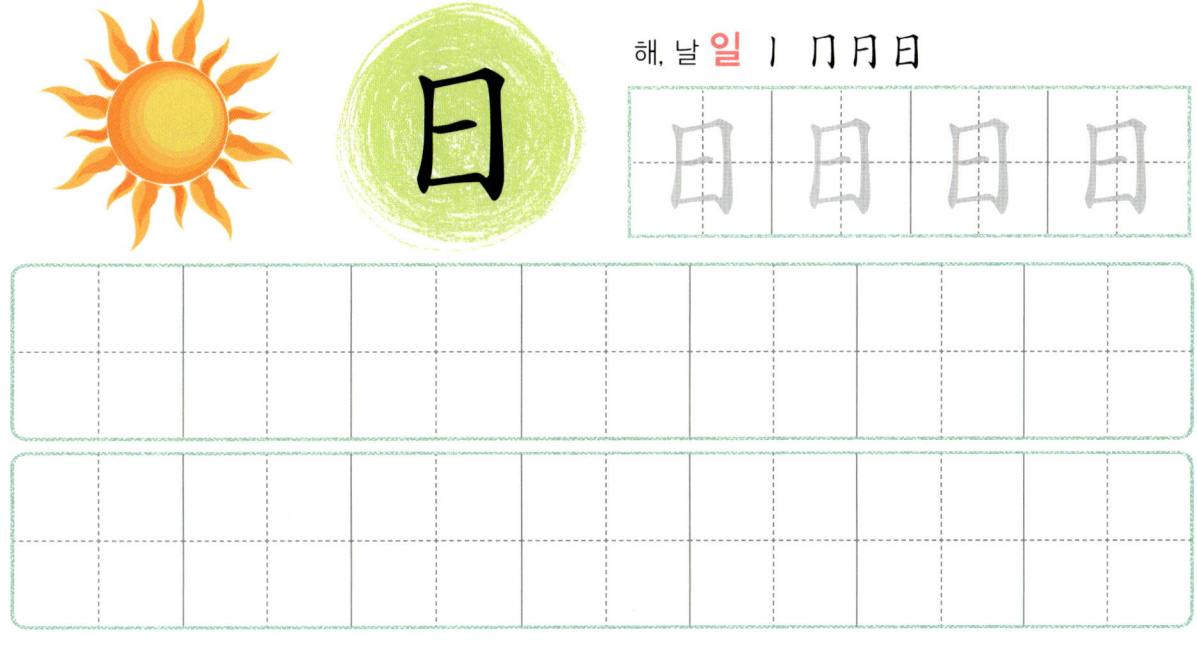

해, 날 **일** ㅣ 冂 月 日

연습하기 3

정답 34쪽

1 뜻과 음을 듣고 한자로 쓰세요.

① ② ③ ④ ⑤

⑥ ⑦ ⑧ ⑨ ⑩

2 한자를 보고 뜻과 음을 쓰세요.

① 男 _____

② 大 _____

③ 中 _____

④ 小 _____

⑤ 上 _____

⑥ 下 _____

⑦ 山 _____

⑧ 田 _____

⑨ 石 _____

⑩ 日 _____

16일째 · 月 월요일

● 그림과 한자를 보고 따라 말하며 쓰세요.

달 **월** ㅣ 刀 月 月

불 **화** ㆍ ㆍ ㅣ 火

17일째 · 火 화요일

● 그림과 한자를 **보고 따라** 말하며 **쓰세요**.

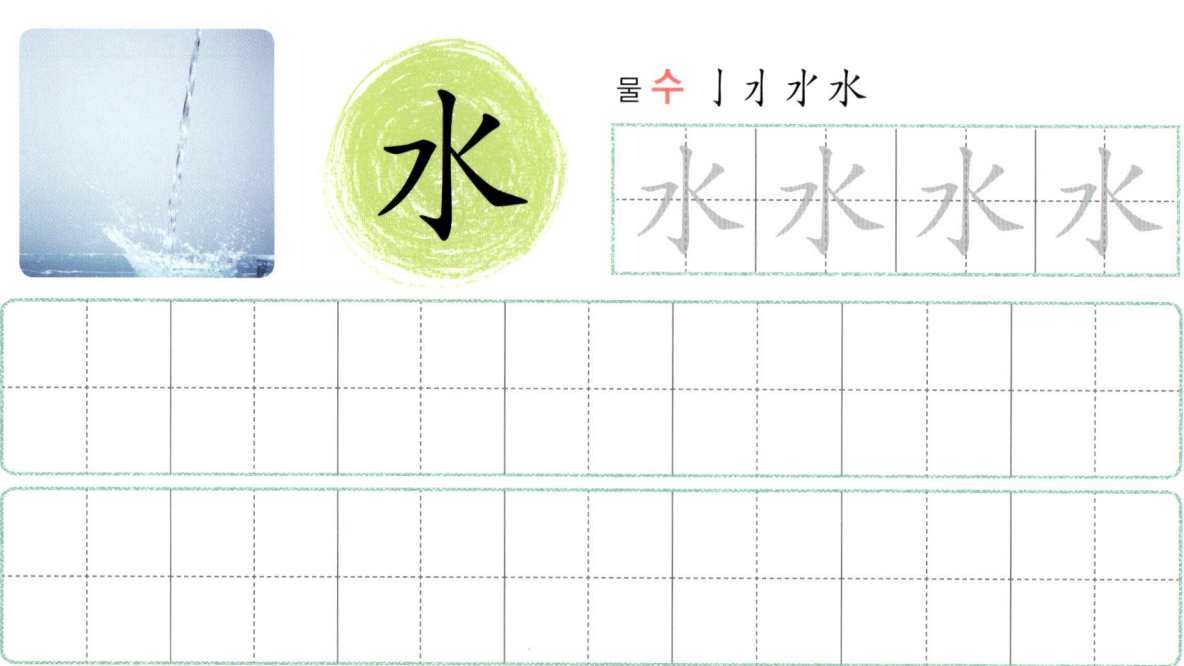

물**수** ㅣ ㅓ 水 水

나무**목** 一 十 才 木

18일째 • 水 수요일

● 그림과 한자를 보고 따라 말하며 쓰세요.

쇠**금**, 성**김**　ノ 人 ㅅ 仝 仐 仐 余 金

흙**토**　一 十 土

19일째 · 木 목요일

● 그림과 한자를 **보고 따라** 말하며 **쓰세요**.

동쪽 **동**　一 ｢ ㄷ 后 百 亘 東 東

서쪽 **서**　一 ｢ ㄷ 厅 西 西

20일째 · 金 금요일

● 그림과 한자를 **보고 따라** 말하며 **쓰세요**.

남쪽 **남** 一 十 冇 冇 冇 南 南 南

북쪽 **북** 丨 ㅓ ㅓ 北 北

연습하기 4

정답 34, 35쪽

1 뜻과 음을 듣고 한자로 쓰세요.

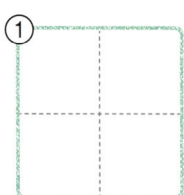 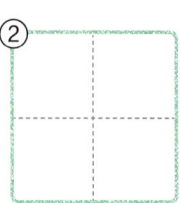 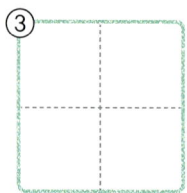 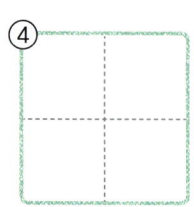 

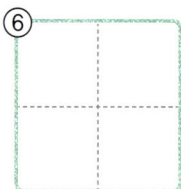 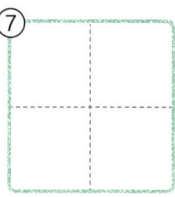 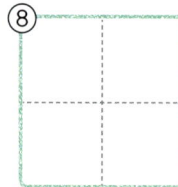 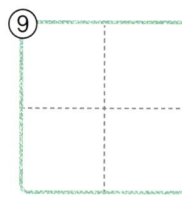 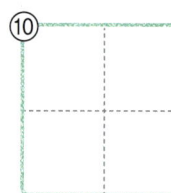

2 한자를 보고 뜻과 음을 쓰세요.

① 月 _____

② 火 _____

③ 水 _____

④ 木 _____

⑤ 金 _____

⑥ 土 _____

⑦ 東 _____

⑧ 西 _____

⑨ 南 _____

⑩ 北 _____

마지막 연습하기

정답 35쪽

1 뜻에 맞는 **한자**, 한자에 맞는 **음**을 연결하세요.

뜻	한자	음
① 위	四	녀
② 여덟	八	상
③ 돌	口	석
④ 여자	足	족
⑤ 발	女	사
⑥ 남자	男	수
⑦ 넷	上	구
⑧ 물	石	팔
⑨ 동쪽	水	남
⑩ 입	東	동

마지막 연습하기

정답 35쪽

2 한자를 보고 뜻과 음을 말해 보세요.

① 一	② 三	③ 五	④ 七	⑤ 九
⑥ 人	⑦ 目	⑧ 手	⑨ 力	⑩ 子
⑪ 男	⑫ 中	⑬ 上	⑭ 山	⑮ 石
⑯ 月	⑰ 水	⑱ 金	⑲ 東	⑳ 南

3 뜻과 음을 듣고 한자를 완성해 보세요.

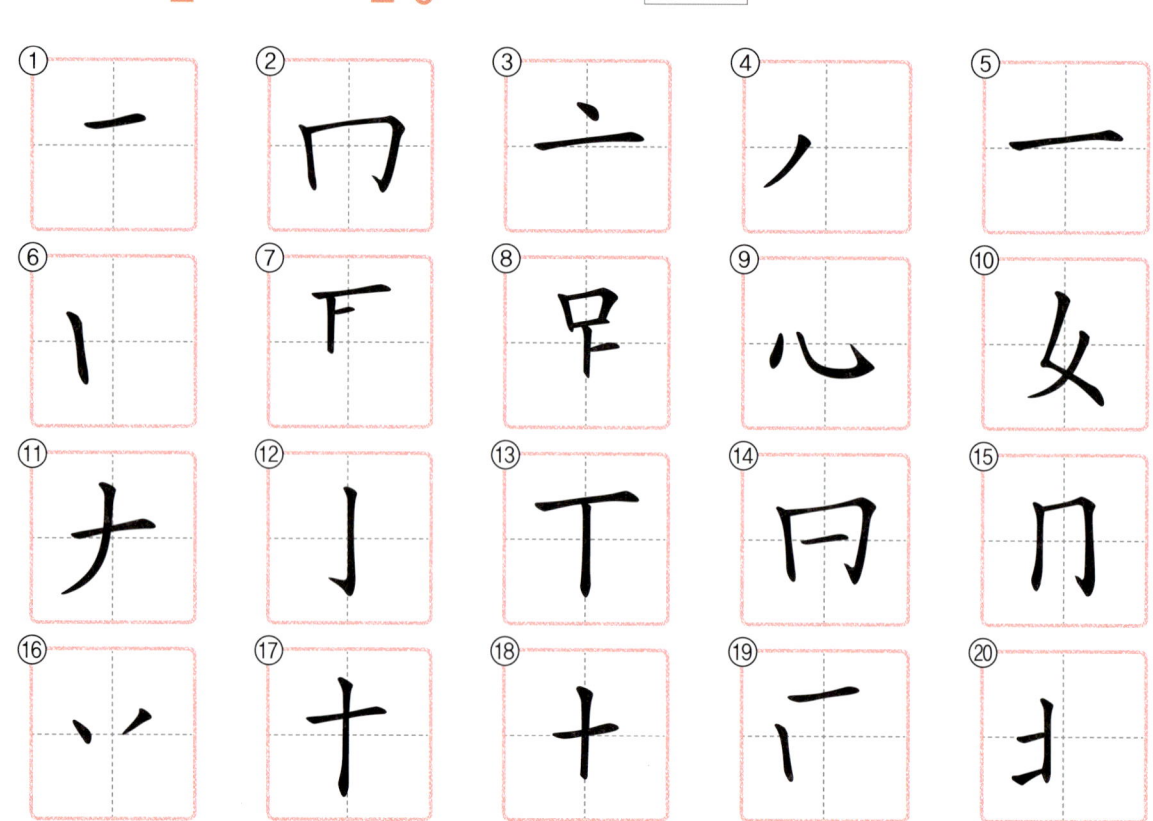

정 답

연습하기 1~4, 마지막 연습하기

정 답

연습하기 1~4

연습하기 1

1. ① 一 ② 二
   ③ 三 ④ 四
   ⑤ 五 ⑥ 六
   ⑦ 七 ⑧ 八
   ⑨ 九 ⑩ 十

2. ① 하나 **일** ② 둘 **이**
   ③ 셋 **삼** ④ 넷 **사**
   ⑤ 다섯 **오** ⑥ 여섯 **륙**
   ⑦ 일곱 **칠** ⑧ 여덟 **팔**
   ⑨ 아홉 **구** ⑩ 열 **십**

연습하기 2

1. ① 人 ② 口
   ③ 目 ④ 耳
   ⑤ 手 ⑥ 足
   ⑦ 力 ⑧ 心
   ⑨ 子 ⑩ 女

2. ① 사람 **인** ② 입 **구**
   ③ 눈 **목** ④ 귀 **이**
   ⑤ 손 **수** ⑥ 발 **족**
   ⑦ 힘 **력** ⑧ 마음 **심**
   ⑨ 아들 **자** ⑩ 여자 **녀**

연습하기 3

1. ① 男 ② 大
   ③ 中 ④ 小
   ⑤ 上 ⑥ 下
   ⑦ 山 ⑧ 田
   ⑨ 石 ⑩ 日

2. ① 남자 **남** ② 클 **대**
   ③ 가운데 **중** ④ 작을 **소**
   ⑤ 위 **상** ⑥ 아래 **하**
   ⑦ 산 **산** ⑧ 밭 **전**
   ⑨ 돌 **석** ⑩ 해, 날 **일**

연습하기 4

1. ① 月 ② 火
   ③ 水 ④ 木
   ⑤ 金 ⑥ 土
   ⑦ 東 ⑧ 西
   ⑨ 南 ⑩ 北

정답

연습하기 4, 마지막 연습하기

2 ① 달 **월**   ② 불 **화**

③ 물 **수**   ④ 나무 **목**

⑤ 쇠 **금**, 성 **김**   ⑥ 흙 **토**

⑦ 동쪽 **동**   ⑧ 서쪽 **서**

⑨ 남쪽 **남**   ⑩ 북쪽 **북**

마지막 연습하기

1 ① 위 — 上 — **상**

② 여덟 — 八 — **팔**

③ 돌 — 石 — **석**

④ 여자 — 女 — **녀**

⑤ 발 — 足 — **족**

⑥ 남자 — 男 — **남**

⑦ 넷 — 四 — **사**

⑧ 물 — 水 — **수**

⑨ 동쪽 — 東 — **동**

⑩ 입 — 口 — **구**

2 ① 하나 **일**   ② 셋 **삼**

③ 다섯 **오**   ④ 일곱 **칠**

⑤ 아홉 **구**   ⑥ 사람 **인**

⑦ 눈 **목**   ⑧ 손 **수**

⑨ 힘 **력**   ⑩ 아들 **자**

⑪ 남자 **남**   ⑫ 가운데 **중**

⑬ 위 **상**   ⑭ 산 **산**

⑮ 돌 **석**   ⑯ 달 **월**

⑰ 물 **수**   ⑱ 쇠 **금**, 성 **김**

⑲ 동쪽 **동**   ⑳ 남쪽 **남**

3 ① 二   ② 四

③ 六   ④ 八

⑤ 十   ⑥ 口

⑦ 耳   ⑧ 足

⑨ 心   ⑩ 女

⑪ 大   ⑫ 小

⑬ 下   ⑭ 田

⑮ 日   ⑯ 火

⑰ 木   ⑱ 土

⑲ 西   ⑳ 北

배운 한자 정리

그림으로 보는 한자, 가나다순 한자

그림으로 보는 한자

● 외운 한자에 ✓ 표시해 보세요.

 一 ✓	 八 ☐	 手 ☐
 二 ☐	 九 ☐	 足 ☐
 三 ☐	十 ☐	 力 ☐
 四 ☐	人 ☐	 心 ☐
 五 ☐	口 ☐	 子 ☐
六 ☐	目 ☐	 女 ☐
 七 ☐	 耳 ☐	男 ☐

그림으로 보는 한자

 大 ☐    石 ☐    土 ☐

 中 ☐   日 ☐    東 ☐

 小 ☐    月 ☐    西 ☐

 上 ☐    火 ☐    南 ☐

 下 ☐    水 ☐    北 ☐

 山 ☐    木 ☐

 田 ☐    金 ☐

가나다순 한자

ㄱ

九 아홉 **구**
口 입 **구**
金 쇠 **금**, 성 **김**

ㄴ

南 남쪽 **남**
男 남자 **남**
女 여자 **녀**

ㄷ

大 큰 **대**
東 동쪽 **동**

ㄹ

力 힘 **력**
六 여섯 **륙**

ㅁ

木 나무 **목**
目 눈 **목**

ㅂ

北 북쪽 **북**

ㅅ

四 넷 **사**
山 산 **산**
三 셋 **삼**
上 위 **상**
西 서쪽 **서**
石 돌 **석**
小 작을 **소**
手 손 **수**

가나다순 한자

水 물 **수**

心 마음 **심**

十 열 **십**

ㅇ

五 다섯 **오**

月 달 **월**

二 둘 **이**

耳 귀 **이**

人 사람 **인**

一 하나 **일**

日 해, 날 **일**

ㅈ

子 아들 **자**

田 밭 **전**

足 발 **족**

中 가운데 **중**

ㅊ

七 일곱 **칠**

ㅌ

土 흙 **토**

ㅍ

八 여덟 **팔**

ㅎ

下 아래 **하**

火 불 **화**